일러두기

- 이 책은 태국 출신 지은이 위수트 폰니미트가 일본 현지에서 출판한 책을 우리말로 옮긴 것입니다.
- 외래어는 되도록 우리말로 순화하려고 했으나 일본어 및 원어를 그대로 사용하는 것이 내용을 이해하는 데 더 적합한 경우에는 그대로 두었습니다.
- 단행본은 『 』, 시리즈 및 잡지는 《 》, 곡명은 〈 〉로 묶었습니다.

시작하며

저는 이 책에서 다른 사람들의 고민에 답하고 있지만,
그러는 저도 고민을 안고 있습니다. 슈퍼맨이 아니니까요.
단지 그런 고민을 들었을 때 정답은 몰라도 어떻게든
도움이 되었으면 해서 열심히 방법을 찾아 전할 뿐이에요.

물이 담긴 컵 하나는 정말 손쉽게 들 수 있어요.
하지만 손에 상자나 책을 든 채 컵을 들려고 하면 어렵지요.
평상시에는 참 간단한 일인데 말이에요.

힘든 상황이란 바로 이런 것 아닐까요?
그럴 때는 별거 아닌 일들까지도 전부 문제라고 느껴져요.

이런 상황에 빠지면 우리는 서로 도와요.
컵을 들어주고, 컵을 들어달라고 부탁해요.

『토닥토닥 마무앙』을 읽어주어서 고맙습니다.
이 책이 조금이라도 여러분이 행복해지는 데
도움이 되었으면 좋겠습니다.

차례

키우던 고양이가 무지개다리를 건넜어 ··· p.7

친구가 내 험담을 했어 ··· p.11

친구를 웃게 하는 일이 너무 어려워 ··· p.15

머릿속도 집도 엉망이야 ··· p.19

나에게는 단짝 친구가 없어 ··· p.23

내가 무슨 말을 하는지 모르겠대 ··· p.27

아무리 해도 빨리 달릴 수 없어 ··· p.31

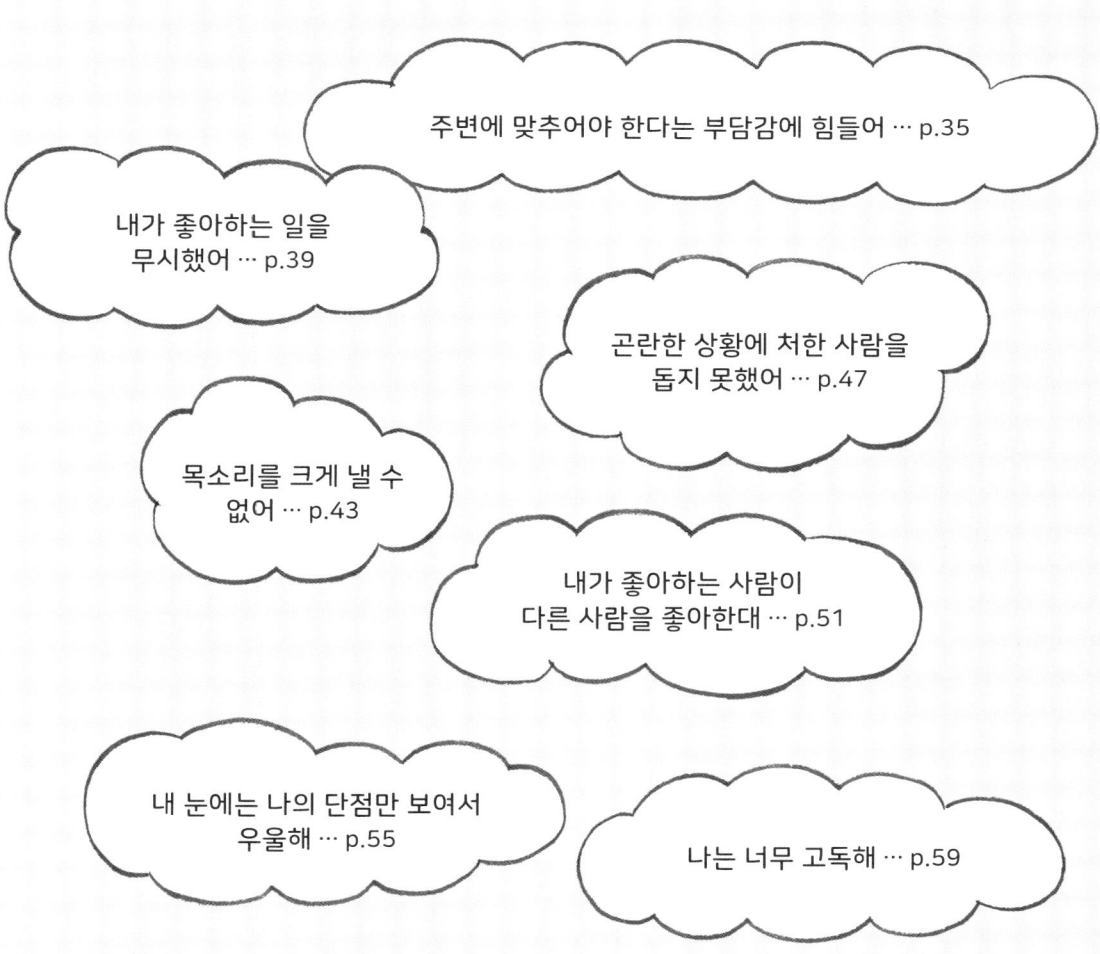

키우던 고양이가 무지개다리를 건넜어

당연하다고 여겼던 일들이 사실은 기적이었어.

나는 강아지를 좋아해서 어렸을 때부터 많은 강아지와 함께 지냈어.
세대로 따져보면 7대에까지 이를 거야. 그런데 사고, 질병, 노화, 가출 등
여러 이유로 열 마리 넘게 내 곁을 떠나면서 이제 이별에도 익숙해졌어.
지금은 고양이를 키우는데 강아지 못지않게 고양이도 사랑해.
10년이라는 시간은 순식간에 흘러가. 그래서 매일 이렇게 생각해.
'우리 고양이도 이제 몇 년 지나면 무지개다리를 건너겠지.'
내 곁을 떠나려고 하는 순간이 벌써부터 눈에 아른거려 슬퍼.
가끔 눈앞에 있는 고양이가 유령으로 보일 정도로.
그럴 때마다 지금 나는 고양이를 만질 수 있고 안고 쓰다듬을 수 있어서
다행이라고 생각해. 함께할 수 있는 매일이 고마울 뿐이야.

캄캄한 우주에는 아무것도 없어.
하지만 신기하게도 지구는 살아 있어. 마치 기적처럼.
몇십억 년이라는 기나긴 세월 속에서
아주 짧은 시간이라도 함께 지낼 수 있었다는 것은 그야말로 기적.
어둠 속에서 슬퍼하기보다 반짝였던 소중한 시간에 감사해.
고양이도 아마 그걸 바랄 거야.
지금 여기에서 함께 살아가는 우리.
가족, 친구, 좋아하는 사람, 싫어하는 사람, 동물들, 나무들, 지구 그리고 나.
짧지만 반짝이는 순간에 고마워하면 어떨까?

친구가 내 험담을 했어

험담 속 나는 상상 속 인물일 뿐
진짜 나는 여기에 있어.

다른 사람의 사진을 보다가 '이 사람은 이런 사람이겠지.' 하고 상상해.
연예인의 영상을 볼 때도 '이 사람은 이런 성격이구나.' 하고 상상하지.
지나가는 사람을 보면서 '저 사람은 몇 살일까?' 상상하기도 해.
친구와 이야기하면서 '에이 정말 그러겠어?' 하고 상상할 때도 있어.
다른 사람의 험담만 듣고 '그 사람은 정말 그런 사람일 거야.' 하고 상상해.

모두 다 상상. 무엇이 진짜일까?

상상은 즐거워. 하지만 그 상상을 너무 믿지 마.
어디까지나 상상은 상상일 뿐. 그 속에 빠지면 상상의 세계에서 벗어날 수 없어.

그 사람의 진짜 이야기는 그 사람만이 알아.
진짜 모습은 복잡미묘해서 그 어떤 말로도 설명할 수 없어.
뉴스도 그저 일어난 일의 일부일 뿐이고
정보도 말하는 이의 관점에 따라 달라져.

다른 사람을 험담하는 그 사람은 너에 대해 전부 다 알고 있을까?
험담 속 너는 그저 상상의 인물일 뿐이야.
상상의 세계에서 벗어나 진짜 세계로 나와.
만약 그 험담이 사실이라면 인정하고 고맙다고 하면서 조금씩 고쳐나가면 돼.

친구를 웃게 하는 일이 너무 어려워

너를 웃게 하는 일은 잘 못해도
너에게 웃음을 줄 수 있는 일은 나한테 맡겨.

친구를 웃게 하지 못한다고 속상해하지 마.
자신이 할 수 없는 일은 실패하는 게 당연하니까.

그 일을 못 했다고 해서
내 탓이라고, 역시 나는 무능하다고 자책할 것 없어.
불가능한 일에만 매달리고 있으면 앞으로 나아가지 못해.
그러니 네가 할 수 있는 일에 집중해봐.

친구가 울고 있다면 우는 게 특기인 너가 함께 울어주면 돼.
친구를 웃게 하고 싶은데 너에게 그런 재능이 없다면
깔깔 웃을 수 있는 개그 프로그램을 알려주어도 좋고
재미있는 친구와 함께 만나 다 같이 웃으면 돼.

우리에게는 할 수 없는 일보다 할 수 있는 일이 훨씬 많아.

머릿속도 집도 엉망이야

나누다 보면 알게 될 거야.

왜 엉망이 되었는지 그 이유부터 생각해볼까?
그러고 난 뒤 분류해보면 알 수 있을 거야. 가령 다음과 같은 일.

• 자주 사용하는 물건과 사용하지 않는 물건으로 분류하기
책상 위에 안 쓰는 물건이 있다면 일단 눈에 잘 보이는 곳에 놓아둬.
그 후 1, 2년 동안 한 번도 사용하지 않고 그 물건에 마음이 가지 않아서
있는지도 몰랐다면 계속 가지고 있기보다 처분하는 게 좋아.

• 중요도에 따라 분류하기
머릿속 생각들은 저마다 중요도가 달라.
그런 생각들을 분류할 때는 연필과 종이를 사용하는 게 좋아.
머릿속 생각은 마인드 파워를 많이 사용하니까 '알게 되기' 전에 지치거든.
머릿속에는 무엇이 있을까?
사소한 문제, 비밀, 걱정, 일 등 뭐든 괜찮으니까 전부 종이에 써 봐.
다 썼다면 종이에 적은 머릿속 생각들을 책을 읽듯이 읽어보는 거야.
'생각하는 것'이 아니라 '읽는 것'이니까 마인드 파워가 소모되지 않아.
그러면 우린 이제 분류할 수 있어.
사소한 것에서부터 중요한 것까지 나누다 보면
머리는 저절로 필요 없는 것을 '버릴' 수 있게 돼.
밥을 먹고 영양분을 흡수한 뒤 남은 것들이 배출되듯이 자연스럽게.

나누다 보면 정리할 수 있어.
가지고 있어 먼지만 쌓이고 있다면 나에게서 떠나보내는 것도 좋아.

나에게는 단짝 친구가 없어

단짝 친구가 있는 사람은 아무도 없어.
유일한 단짝 친구는 바로 나 자신이야.

단짝 친구도 언젠가는 떠날 수 있어.
정말 친했던 친구도 인생의 방향이 달라지면 멀어지게 돼.
한때는 마음이 잘 맞았더라도 언젠가부터 서로 어긋나거나
각자 처한 상황 때문에 더 이상 '단짝'이라고 부를 수 없는 관계가 되기도 하지.
하지만 나는 내가 좋든 싫든, 마음이 맞든 안 맞든 항상 옆에 있어.
나 자신이야말로 최고의 단짝 친구야.

"다른 사람은 모두 단짝 친구가 있는데 왜 나는 없을까?"
이건 다른 사람은 다 좋은 걸 가지고 있는데
나만 없다고 부러워서 드는 생각이야.
진짜 문제는 '단짝 친구가 없다.'가 아니야.
나만의 단짝 친구는 '나'이니까 고민하지 않아도 돼.
'단짝 친구가 없다.'는 생각이 든다면
그건 지금 네가 너와 친하지 않아서 그럴 뿐이야.

너 자신과 이야기해봐. 그리고 하고 싶은 일을 하면서 지내.
그러면 너에게서 저절로 빛이 날 거야.
너가 빛나면 그 빛이 주변 사람에게도 전해져
마음이 잘 맞는 친구와 만날 수 있어.

내가 무슨 말을 하는지 모르겠대

내 마음을 아는 게 어렵다면
내가 너의 마음을 알아줄게.

우리 반대로 듣는 입장이 되어 생각해볼까?
다른 사람이 어떤 이야기를 했는데
나는 그 이야기를 잘 이해하지 못했어.
"왜 내가 하는 말을 이해하지 못하는 거야?"
그 사람이 이렇게 말했다면 그게 내 잘못일까?

대화가 서로 잘 통하지 않았다는 건 어느 한쪽의 잘못이 아니야.
상대방의 대화 방식이 나와 맞지 않아서 그럴 수도 있어.
그러니 무슨 말을 하는지 모르겠다고 해도 자신을 탓하지 마.
이번에는 반대로 말하는 입장이 되어볼까?
사람인 내가 사람의 말로 강아지와 이야기하고 있어.
근데 그건 강아지에게 맞는 방식이 아니니까 당연히 소통이 잘 될 리가 없지.
그렇다고 그게 강아지 잘못은 아니야.
상대가 강아지라고 이해하고 방법을 바꿔 마음을 다해 대화해보는 거야.

상대방의 이야기를 들을 마음이 없는 사람에게는 무슨 말을 해도 소용이 없어.
그럴 때는 시간이 지난 뒤 다시 이야기해보는 게 좋아.
시간이 흐르면서 상대방의 마음이 변하거나
나에게 새로운 대화 방법이 떠오를 수도 있으니까.

"무슨 말을 하는지 모르겠어." 이렇게 말하며 화내는 사람은
다른 사람에게 사랑을 줄 여유가 없어서 그런 거니 이해해줘.
상대방의 이야기가 이해하기 어렵다고 해서 무슨 말을 하는지 모르겠다고 하기보다
그 사람의 마음을 이해하고 다정하게 질문해봐.
그러면 서로 마음이 통하는 대화를 할 수 있을 거야.

아무리 해도 빨리 달릴 수 없어

도와주려고 애쓰지 않아도 돼.
너의 존재 자체가 나에게 힘이 되니까.

날고 싶은데 날개가 없는 인간인 나는 쓸모없어.
그렇지 않아. 쓸모없는 건 너가 인간이라는 게 아니라
'인간인 나는 쓸모없어.'라는 그 생각이야.

네가 할 수 있는 일을 해보면 어때?
사람이지만 날고 싶다면 비행기를 타는 방법도 있어.
열심히 일해 비행기 표를 사면 사람이어도 날 수 있잖아.
날개가 없다고 속상해할 것 없어.
어떤 방법으로도 불가능한 일은 불가능해.
그 사실을 받아들이고 지금 네가 할 수 있는 일을 소중하게 여기면 어떨까?

다른 사람을 돕고 싶다면
'내가 하고 싶은 일'이 아니라 '내가 할 수 있는 일'로 도우면 돼.

만약 나는 작은 여자아이라서 힘이 약한데 침대 옮기는 일을 돕고 싶다고 해볼까?
그럴 때 침대 드는 일을 도우려고 하면 오히려 다른 사람이 더 힘들 수 있어.
그럼 어떻게 해야 좋을까?
그때는 침대 둘 곳을 깨끗이 정리하거나 힘이 센 누군가에게 도와달라고 부탁하면 돼.
내가 할 수 있는 일이야말로 도움이 되는 일이야.

오직 나만 할 수 있는 일이 있어. 그걸 아는 게 중요해.
그저 미소를 지으며 응원만 보내도 도움이 될 때가 분명히 있어.

주변에 맞추어야 한다는 부담감에 힘들어

가끔 다른 곳을 기웃거려도 괜찮아.

모두 같은 장소에 있는 사람들. 하지만 그 안에는 다양한 사람이 존재해.
그곳이 좋아서 있는 사람도 있고
그곳이 썩 마음에 들지 않지만, 그래도 여기가 낫다며 있기로 한 사람도 있어.

지금 있는 곳이 싫어 힘들지만, 거기에서 나와서 "넌 쓸모없어."라는 말을 들으면
더 견디기 힘드니까 어쩔 수 없이 있는 사람도 있어.
그것도 스스로 최선의 선택을 한 거니 인정해주면 어떨까?
싫어도 그런 선택을 한 데는 '그래도 여기가 낫다.'고 판단해서일 거야.
쓸모없는 사람이라는 소리를 들으며 100퍼센트 괴롭기보다, 70퍼센트 싫더라도
참는 게 낫겠다고 정했으니 그 결정을 인정해주자. 그걸로 30퍼센트는 득을 본 셈이니까.

삶이란 어떤 선택이든 스스로 정하고 결과를 인정하면서 배워가는 것이지 않을까?

세상 사람들은 모두 같은 사고와 생활방식으로 살지 않고
저마다 자신이 가장 편하게 있을 수 있는 방을 가지고 있어.
그런데 그 안에만 계속 있으면 머리가 어지럽고 우울해져.
그럴 때는 가끔 밖에 나가 햇볕을 쬐면서 하기 싫은 일도 해보며 지내보는 거야.
그럼 의외로 나만의 방에 있을 때보다 좋은 일과 만나기도 해.
이것이야말로 삶이 우리에게 주는 가르침이 아닐까?
나만의 방에서 나오면 인생을 살아가는 힘을 키울 수 있어.
모험도 하고, 하기 싫은 일도 하면서 배우다가 지치면 내 방으로 돌아와 다시 충전하면 돼.

지금까지 내가 한 이야기는 어떤 법도 규칙도 아니고 하나의 의견일 뿐이야.
좋아하는 곳을 찾아 그 안에 머물러 있어도 당연히 괜찮아.
너가 스스로 부담을 주고 있다고 느낀다면 거기에서 벗어나 자유로워지면 돼.

내가 좋아하는 일을 무시했어

행복은 싫어하는 마음보다
좋아하는 마음을 품는 것.

예전에 나도 정말 좋아하는 '만화'를 무시당한 적이 있었어.
어른이면 어른답게 행동하라는 말을 들었지.
그래서 대학 때 주변 사람은 물론 스스로에게조차도 좋아하는 만화를 숨겼어.
좋아하는 일로 무시당하고 싶지 않았거든.
그래서 모두에게 인정받을 수 있는 다른 일을 했어.
하지만 사람들에게 인정받기 위해 하는 일은 아무리 노력해도 잘되지 않더라고.
그럴 때마다 어깨를 축 늘어뜨리고 집에 돌아가 혼자 만화를 그렸어.
인정받아야 한다는 강박관념 없이 그린 만화는
정말 이상하고 웃겨서 혼자 깔깔 웃곤 했어.
그리고 나는 1년 후에 만화가로 데뷔했어.
지금은 가족도 나를 인정해줘.

다른 사람이 너의 무엇을 무시했는지 모르겠지만,
무언가를 '좋아하는' 사람은 자연스럽게 얼굴에 미소를 짓게 되면서 반짝여.
다른 사람을 곤경에 빠뜨리는 일이 아니라면, 너의 행복에 자신감을 가져도 돼.
사람들은 모두 저마다의 '행복'을 가지고 있으니까.
다른 사람을 무시하는 사람은 타인에 대한 애정이 부족한 거야.
그런 사람은 대부분 별생각 없이 말하고 또 금세 잊으니까 용서해주면 어떨까?
네 안에 있는 '좋아하는 마음'을 믿어.

목소리를 크게 낼 수 없어

연습하면 언젠가는 긴장하지 않을 거야.

스포츠 선수도 시합에 나가기 전에는 꼭 워밍업을 해.
그렇지 않으면 원하는 대로 몸이 움직이지 않으니까.
정말 훌륭한 뮤지션도 꾸준히 연습해.
연습하지 않으면 악기를 자유자재로 다루지 못하니까.
자동차도 계속 멈추어 있으면 당연히 시동이 걸리지 않아.

우리 몸도 마찬가지야.
목을 오랫동안 사용하지 않으면 당연히 목소리가 나오지 않아.
목소리를 내는 방법을 잊어버리니까. 전혀 이상한 일이 아니야.
하지만 나아질 방법은 있어. 조금씩 목소리를 내보면 돼.
소리를 내서 책을 읽고 좋아하는 노래를 들으며 따라 불러봐.
그다음에는 좋아하는 가수의 라이브에 가서 꺄아아아아아 소리를 지르는 거야.
운동 경기를 보러 가서 와아아아아아 하고 소리를 질러도 좋지.
지금 있는 곳에서 목소리를 크게 낼 수 없다면
소리를 지를 수 있는 곳으로 가서 크게 소리를 질러봐.
몸이 자연스럽게 울리면 목소리도 저절로 나올 거야.
나는 이제 목소리를 내지 못할 거라고 단정 짓지 마.

곤란한 상황에 처한 사람을 돕지 못했어

너가 왜 슬픈지는 모르겠지만
나는 내 방식으로 널 위로할게.

내 문제가 아닌데도 다른 사람의 싸움이나 문제에 끼어들어 얽힐 때가 있어.
그러면 어느 순간 너 자신이 그 문제의 일부분이 되어 있기도 해.

그 문제가 확실하게 나와 관련 있다면 이렇게 해보면 어떨까?

• 내 상황을 파악하고 행동하기
친구가 바다에 빠졌다고 해볼까. 그럴 때는 직접 바다에 뛰어들어 친구를 구하기보다
내가 타고 있는 배에서 밧줄을 던져주는 게 더 도움이 될 거야.

• 적절한 타이밍 확인하기
친구들이 말다툼하는 정도라면 바로 끼어들지 않아도 돼. 싸움이 끝난 뒤나
시간이 조금 흘러 화가 가라앉았을 때 왜 그랬는지 물어보고 도움을 주는 게 낫기도 해.

• 자기 카르마 인정하기
두 친구가 서로 거칠게 싸우면서 상대에게 해를 입히려고 한다면
내 상황이나 타이밍을 따질 때가 아니야. 그럴 때는 어떻게 하면 좋을까?
그때는 내 안의 본능이 나의 카르마(karma, 자신의 과거와 경험으로 유발되는 결과)를
파악해 저절로 움직이게 할 거야.
슈퍼 영웅처럼 불끈불끈 근육질이고, 싸움을 말릴 방법도 있고,
군대에서 그런 거친 싸움을 경험한 적 있어? 아니면 혹시 직업이 경찰이야?
그렇다면 저절로 두 사람 사이에 끼어들어 싸움을 말리고 있을 거야.
그게 너의 카르마니까.

그런데 너는 그 두 사람과 아무 관련도 없고 평범한 사람이라 힘도 세지 않은 데다가
거친 싸움은 해본 적이 없어 머릿속이 하얘지고 몸이 굳어 아무것도 하지 못했어.
그럼 그것 또한 너의 카르마야.

자기의 카르마를 인정하자는 말은
"이렇게 할 걸." "그때 나는 왜 그랬을까?" 하며 후회하지 말자는 의미야.
너에게는 그게 최선이었다는 사실을 있는 그대로 받아들이면 돼.

내가 좋아하는 사람이 다른 사람을 좋아한대

너를 좋아해. 너의 모든 마음까지도.

A "널 좋아해."
B "너는 내가 원하는 사람이 되었으면 좋겠어."

A와 B의 차이점을 꼭 알아야 해.

A의 "널 좋아해."라고 생각하기만 해도 너는 분명 기분이 좋을 거야.
고민할 것 없는 순수한 마음이니까.

"나는 너를 정말 좋아하는데 너는 왜 나를 좋아하지 않아?"
"나는 널 좋아하는데 너는 왜 다른 사람을 좋아해?"
이것은 B의 마음. 네가 원한다고 그렇게 될 수는 없어.
그러니 고민이겠지.

누군가를 좋아할 때는 좋아하는 그 마음 하나만으로 충분해.
상대방도 나를 좋아할지는 그 사람의 자유.
그 사람을 정말로 좋아한다면 그 자유를 존중해주어야 해.

우리 반대로 생각해볼까?
누군가가 너를 좋아하는데 너는 그 사람을 좋아하지 않아.
"나는 너를 좋아하는데 너는 왜 나를 좋아하지 않아?"
그 사람이 이렇게 말한다면 너는 분명 곤란하고 힘들 거야.
너도 자유롭기를 원할 테니까.

내 눈에는 나의 단점만 보여서 우울해

너가 싫어하는 너의 단점,
나는 좋은 걸.

사람은 누구나 자신을 가장 사랑해.
그래서 더 나은 사람이 되고 싶어서 언제나 자신의 단점을 확인해.
근데 이상하게 그런 단점은
다른 사람 눈에는 잘 안 보이는데 자신한테는 엄청 잘 보여.
그건 전혀 이상한 일이 아니야. 그러니 고민하지 않아도 돼.

"내 단점은 다른 사람에게도 단점으로 보이겠지?"
그런 생각은 하지 마. 세상에는 많은 사람이 있고
저마다 다른 사고방식을 가지고 있으니까.
모두 너와 같은 생각일 거라고 단정 짓지 마.

만약 네가 가장 좋아하고 친한 나라는 단짝 친구가
"이런 부분은 좋지 않아."라고 말한다면
너 자신과 다정하게 마주해 방법을 찾아보면 좋을 거야.
그리고 정말로 안 좋은 점이라면 고치면 돼.
그 단점을 도저히 고치기 어렵다면 그대로 받아들여도 괜찮아.
단점은 누구나 가지고 있기 마련이니까.
대신 너만이 지닌 장점을 발견해보는 것도 좋아.
그 장점을 인정하고 자신 있게 주변 사람에게 보여주도록 해봐.

나는 너무 고독해

저기 파도가 몰려와. 저 파도와 무얼 할까?

몸 상태가 기분을 좌지우지할 때가 종종 있어.
갑자기 열이 나서 기분까지 축 처졌던 적 분명히 있을 거야.

환경이 기분을 좌지우지할 때도 종종 있어.
날씨가 좋고 안 좋은지에 따라 기분이 달라지기도 하고
낯선 나라에서 기분 전환이 될 때도 있지.

이유 없이 외로워질 때도 있어.
'이유 없이'라는 말은 누구도 내 곁을 떠나지 않았고
아무것도 변한 게 없으며 즐겁게 놀 수도 있는데 그렇다는 거야.
사실 이유가 없는 것은 없어. 그저 알 수 없는 이유가 있을 뿐이지.
아픈 몸 때문에, 주변 분위기 때문에, 밤에 총총 뜬 별 때문에 등
눈에 보이지 않는 이유는 수도 없이 많아.
그러니 너 스스로를 탓하지 않아도 돼.
'갑자기 외로움을 느끼다니, 난 쓸모없는 인간이야.'
'쓸데없는 생각에 마음만 외로워졌어.'
이런 생각에 빠져들지 마.
분명 다른 이유가 있는데도 너 자신을 탓하면 고민만 늘어날 뿐이야.

누구에게나 보이지 않는 파도가 밀려올 때가 있어.
운동하고, 밥을 먹고, 영화를 보고, 대화하고, 노래를 부르고, 산책하고,
쉬고, 심호흡하고, 명상하면서 무언가에 집중해보면 어떨까?
그래도 파도에 휩쓸리기만 한다면 지금 너의 상태를 그대로 받아들이고 기다려보는 거야.
보이지 않는 파도는 밀려올 때 갑자기 왔듯이 사라질 때도 갑자기 사라지기도 하거든.

이유를 알고 파도에 익숙해지면 그 파도를 자유롭게 즐길 수 있을 거야.

마치며

"너 때문이야."
자신의 잘못이 아닌데도 누군가 이렇게 말한다면
날 괴롭힌다고 느낄 거예요.
"나 때문이야."
잘못한 게 없는데도 스스로에게 이렇게 말한다면
내가 나를 괴롭히는 게 되겠지요.

여기에 소개한 고민은 대부분 '내 잘못이야.'라고 생각해 스스로
만든 문제가 많았어요. 하지만 너무 착하다 못해 다른 사람의
문제까지도 내 잘못이라고 여기면 결국 자신만 괴로울 뿐이에요.

만약 당신이 이렇게 착한 사람이라면
그런 '잘못한 자신'을 스스로 다독여주면 어떨까요?

저의 이야기는 그저 하나의 의견일 뿐이에요.
자신과 진심으로 마주해보세요.

이미 일어난 일은 인정하고 받아들이세요.
그리고 다른 사람은 물론 나 자신을 이해하고 받아들이면
우리는 자유롭고 행복해질 수 있어요.

위수트 폰니미트

위수트 폰니미트
วิศุทธิ์ พรนิมิตร Wisut Ponnimit

1976년 태국 방콕에서 태어났다. 1998년 태국에서 만화가로 데뷔한 뒤 2003년부터 2006년까지 일본 고베(神戸)에서 지냈다. 단편만화집『hesheit aqua』로 2009년 문화청 미디어 예술제 만화부문 장려상을 받았다. 현재는 방콕을 거점으로 만화가, 아티스트로 작품을 만들면서 애니메이션 제작 및 음악 활동을 하는 등 다방면에서 활약하고 있다. 일본 록밴드 구루리(くるり)의 곡〈호박색 도시, 상하이게의 아침(琥珀色の街、上海蟹の朝)〉의 뮤직비디오에도 참여했다. 주요 작품으로는《마무앙》시리즈,《hesheit》시리즈,『그네(ブランコ)』, 잡지《빅이슈》일본판의 연재를 묶은『마무앙(マムアンちゃん)』『해피 마무앙(ハッピーマムアン)』『빅 마무앙(ビックマムアンちゃん)』등이 있다.

옮긴이 서하나

언어도 디자인이라고 여기며 책을 기획하고 만드는 일한 번역가이자 출판 편집자다.『초예술 토머슨』『저공비행』『나는 도레미』『느긋하고 자유롭게 킨츠기 홈 클래스』『좋아하는 일을 하고 있다면』등 다수의 책을 우리말로 옮겼으며『이상하게 그리운 기분』(공저)을 썼다.

초판발행	2023년 10월 20일
지은이	위수트 폰니미트
발행인	노성일
번역 및 편집	서하나
감수	안선영(갤러리콜론비)
디자인	노성일
인쇄제책	독일인쇄

ほぐほぐマムアンちゃん

Copyright © 2020 by Wisut Ponnimit
Originally published in Japan by Iwasaki Publishing Co., Ltd.
All rights reserved.
Korean Translation copyright © 2023 by Sojanggak
This Korean edition is publishied by arrangement with CUON Inc.

소장각
서울특별시 마포구 동교로19길 101, 4층
fax. 0303-3444-0416
contact@sojanggak.kr
sojanggak.kr
instagram.com/sojanggak
등록번호. 2020년 3월 2일 제2020-000052호

이 책의 한국어판 저작권은 CUON 에이전시를 통해
저작권사와 독점 계약한 소장각에 있습니다.
저작권법에 따라 한국 내에서 보호를 받는 저작물이므로 무단으로
전재하거나 복제할 수 없습니다. 정가는 표지에 적혀 있습니다.
잘못된 책은 구입하신 곳에서 교환해 드립니다.
ISBN 979-11-982520-1-2 (02830)